Originalausgabe
© 2019 Dressler Verlag GmbH, Poppenbütteler Chaussee 53, 22937 Hamburg
ellermann im Dressler Verlag · Hamburg
Erstausgabe 2014: ellermann im Dressler Verlag GmbH
Alle Rechte vorbehalten
Einband von Stéffie Becker
Reproduktion: Zieneke PrePrint, Hamburg
Printed 2019
ISBN 978-3-7707-0178-0

www.ellermann.de

# Mein großer
# Weihnachts-
# Bilderbuchschatz

*Mit Geschichten von Charles Dickens, Frauke Nahrgang,*
*Anne Steinwart, Hedwig Munck u. a.*

ellermann im Dressler Verlag GmbH · Hamburg

# *Inhaltsverzeichnis*

Charles Dickens

# Eine Weihnachtsgeschichte

Nacherzählt von Petra Steckelmann
Mit Bildern von Marc-Alexander Schulze

## Erste Strophe – Marleys Geist

Scrooge wusste, dass Jacob Marley längst gestorben war. Jacob Marley war Scrooges Geschäftspartner gewesen. Nun führte der alte Scrooge das Warenhaus alleine weiter. Nicht nur sein Angestellter, der Schreiber Bob, fühlte sich in Scrooges Umgebung unwohl. Die Menschen mieden ihn, wenn sie konnten. Scrooge war geizig, geldgierig und – sehr einsam. Aber das kümmerte ihn nicht. Sein Herz schien aus Stein zu sein.

Am Abend vor Weihnachten betrat Scrooges Neffe das Warenhaus. Mit glänzenden Augen bat er Scrooge: »Verbring doch den Weihnachtsabend bei uns.«

»So ein Unfug – Weihnachten … pah! Ich werde nicht kommen!«, antwortete Scrooge und wiederholte mürrisch: »Weihnachten ist und bleibt Unfug.«

Scrooge verließ spät am Abend sein Warenhaus und machte sich auf den Heimweg. Nebel und Frost hingen über der Stadt London. Das Haus, in dem Scrooge wohnte, war das Haus seines verstorbenen Geschäftspartners Marley. Es lag versteckt in einem dunklen Hinterhof. Es passte zu Scrooge. Er selbst war bis ins Herz frostig. Darin glich er seinem ehemaligen Geschäftspartner. Als Scrooge die Tür aufschließen wollte, sah er plötzlich statt des gewohnten Türklopfers an seiner Haustür Marleys Gesicht! Ein unheimliches Leuchten ging von dem Gesicht aus. Scrooge erschrak fürchterlich. »Das gibt es doch gar nicht!«, rief Scrooge und kniff die Augen fest zusammen. Als er sie wieder öffnete, war das Gesicht verschwunden.

Scrooge fühlte sich unwohl, als er sein Haus betrat. Er sah in alle Ecken und Winkel. Aber alles war wie immer. Nirgends hockte ein Kobold oder schlich ein Geist umher. Erleichtert tauschte Scrooge seine Geschäftskleidung gegen Schlafrock, Nachtmütze und Pantoffeln und löffelte sein karges aufgewärmtes Abendessen. Als er vor dem Kamin saß und die Kacheln betrachtete, erschien ihm wieder Marleys geisterhaftes Gesicht. Als dann auch noch die Glocke, die im Zimmer hing, zu schwingen begann und kurz darauf laut läutete, war Scrooge mehr als erschrocken.

Unfug! Nichts als Unfug!«, grummelte Scrooge. »Was bilde ich mir heute Abend nur ein!« Er versuchte, dem lauten Kettengerassel, das nun vom Keller heraufzukommen schien, keine Beachtung zu schenken.

Scrooges Gesicht wechselte die Farbe, als »etwas« sein Zimmer betrat.
Dieses »Etwas« hatte sehr große Ähnlichkeit mit Marley. Es war
Marleys Geist! Der Geist zog eine schwere Kette hinter sich her.
»Diese Kette habe ich mir im Laufe meines Lebens geschmiedet,
Scrooge. Mein einziger Lebensinhalt war es,
Geld zu verdienen«, sagte der Geist.

»Du schmiedest dir gerade dieselbe Kette. Ich bin hier, um dich zu warnen.«

Scrooge zitterte. »Du bist also ein freundlicher Geist.«

Der Geist nickte: »Für dich ist es nicht zu spät, du kannst dein Leben ändern. Es werden noch drei Geister kommen. Erwarte den ersten Geist, wenn die Glocke heute Nacht eins schlägt.«

## Zweite Strophe – Der erste der drei Geister

Mitten in der Nacht erwachte Scrooge und grübelte, ob er wirklich den Geist Marleys gesehen hatte oder ob alles nur ein Traum war. Er beschloss, wach zu bleiben und abzuwarten, was passieren würde. Als die Uhr eins schlug, dachte Scrooge schon, dass alles nur Unsinn gewesen sei. Doch dann schob sich plötzlich der Vorhang seines Bettes wie von Geisterhand zur Seite. Eine seltsame Gestalt stand vor Scrooges Bett: Sie sah aus wie ein Kind, aber gleichzeitig auch wie ein alter Mann. »Bist du der Geist, der mir angekündigt wurde?«, fragte Scrooge. »Ja«, sagte der kleine Geist mit sanfter Stimme. »Ich bin der Geist deiner vergangenen Weihnacht. Ich will dir etwas aus deiner Vergangenheit zeigen!« Sie gingen zum Fenster, durch die Mauer – und standen plötzlich auf einer Straße. Vor ihnen lag ein Dorf.

»Du meine Güte!«, rief Scrooge. »Hier bin ich aufgewachsen und in die Schule gegangen!«

Scrooge sah sich selbst als kleinen Jungen am Heiligen Abend in der Schule sitzen – ganz allein und über Bücher gebeugt –, weil seine Eltern ihn nicht zu Hause haben wollten.

Das Bild verschwand, und Scrooge und der Geist standen vor einem

Warenhaus und sahen durchs Fenster. »Der alte Fezziwig!«, rief
Scrooge. »Bei ihm bin ich in die Lehre gegangen.« Scrooge sah sich
selbst als jungen Mann auf einer fröhlichen Weihnachtsfeier, die
Fezziwig für seine Mitarbeiter ausgerichtet hatte. Scrooge lächelte.
»Nicht das Geld, das Fezziwig für uns ausgegeben hat, hat uns glücklich
gemacht, sondern seine Blicke und Worte, sein freundliches Wesen.«
»Ja«, sagte der Geist. »Eigentlich ist es gar nicht schwer, Menschen
glücklich zu machen.« Damit verschwand er, und Scrooge fand sich in
seinem Bett wieder.

## Dritte Strophe – Der zweite der drei Geister

Auch der zweite Geist, ein riesiger Geist in einem grünen Mantel, der Scrooge aus einem unruhigen Schlaf riss, hatte kein Erbarmen mit dem alten Mann und reiste mit ihm in Bilder des diesjährigen Weihnachtsabends. So sah Scrooge seinen Schreiber Bob, seine Frau und deren sechs Kinder beim Weihnachtsessen sitzen. Sie freuten sich über die wenigen Köstlichkeiten, die sie vor sich hatten, und waren bester Stimmung. Obwohl der jüngste Sohn von Bob, der kleine Tim, ein schlimmes Bein hatte, das er nicht bewegen konnte, strahlte er vor Freude.

»Auf Mr Scrooge!«, rief Bob gerade. Doch seine Frau schüttelte den Kopf. »Auf Scrooge? Du schuftest jeden Tag für ihn und bekommst nur einen Hungerlohn, obwohl er weiß, wie arm wir sind.«

»Liebe Frau«, sagte Bob. »Es ist Weihnachten, und wir wollen dankbar sein, dass ich Arbeit habe. Ich wünsche Mr Scrooge ein langes Leben!«

Scrooge schämte sich, als er hörte, wie gut Bob von ihm dachte, obwohl er ihm so wenig Lohn zahlte.

Plötzlich befand sich Scrooge in einem anderen Haus.

Er hörte das Lachen seines Neffen Fred, der ein fröhliches Weihnachtsfest mit seiner Frau und vielen Freunden feierte. »Mein armer Onkel«, sagte Fred.

»Er sitzt heute ganz allein zu Hause. Hoffentlich kommt er nächstes Jahr Weihnachten, um mit uns zu feiern.«

Scrooge staunte. Obwohl sein Neffe Fred und auch Bob nur sehr wenig Geld verdienten, waren sie doch glücklich.
Kurz darauf war der Geist verschwunden, und Scrooge lag wieder in seinem Bett.

## Vierte Strophe – Der letzte der Geister

Bisher hatten die Geister immer mit Scrooge gesprochen. Nur
der dritte Geist, der in ein schwarzes Gewand gehüllt war, war
schweigsam. »Du bist der Geist der zukünftigen Weihnacht,
stimmt's? Ich weiß längst, dass ich von euch Geistern etwas lernen
soll«, sagte Scrooge.
Der Geist antwortete nicht und zog Scrooge in die Nacht hinaus.
Ihr Weg führte sie durch die trüben Straßen Londons. Scrooge
erfuhr, dass ein alter Geizhals gestorben war. Der Verstorbene war
sehr reich gewesen, aber niemand schien ihn gemocht zu haben.
»Hatte er denn keine Freunde?«, fragte Scrooge.

Der Geist antwortete nicht, und Scrooge verstand, dass viele
Leute sogar froh über den Tod des Alten waren, weil sie so ihre
Schulden bei ihm los waren.

Als Scrooge dann auch noch erfuhr, dass der kleine Tim, Bobs
Sohn, gestorben war, weil die Familie kein Geld für einen Arzt
gehabt hatte, schrie er: »Nein, das darf nicht sein! Der arme
Junge! Der alte Geizhals – der bin ich ja selbst! Ich hätte Tim
retten können. Ich werde mich ändern und ab sofort gut zu
meinen Mitmenschen sein.«

Der Geist verschwand, und Scrooge fand sich in seinem Bett
wieder.

## Fünfte Strophe – Das Ende vom Lied

Als Scrooge am nächsten Morgen erwachte, sprang er voller Zuversicht aus dem Bett. »Ich danke den Geistern der Vergangenheit, der Gegenwart und der Zukunft!«, rief er fröhlich. »Das, was ich in der letzten Nacht gesehen habe, muss nicht passieren. Ich bin ein neuer Mensch!«
Er glühte förmlich vor Tatendrang. Und er lachte! Ein prächtiges, ganz ausgezeichnetes Lachen! Das erste seit vielen Jahren.

Gleich nach dem Aufstehen ließ Scrooge seinem Schreiber Bob den größten Truthahn schicken, den er in London auftreiben konnte.

Danach ging er zum Haus seines Neffen. Er klopfte und rief vorsichtig: »Fred, hier ist dein Onkel, darf ich reinkommen?«

»Natürlich, Onkel, wie schön, dass du da bist!« Fred strahlte.

»Nun lass uns zusammen Weihnachten feiern!«

Als Bob am nächsten Morgen zur Arbeit kam, lachte Scrooge und sagte: »Bob, ich werde Ihren Lohn erhöhen. Und ich will Ihnen in Zukunft helfen.«

Bob staunte und wollte es erst nicht glauben, aber Scrooge hielt sein Wort. Er tat all das, was er sich vorgenommen hatte, und sogar noch mehr. Der kleine Tim und seine Geschwister liebten den alten Scrooge wie einen Opa. Aus dem alten Geizhals war ein so guter und glücklicher Mensch geworden, wie man sonst kaum einen finden konnte.

Frauke Nahrgang

# Hilfe für den Weihnachtsmann

*Mit Bildern von Dagmar Henze*

Es dämmert schon, als der Weihnachtsmann in die Stadt geht. Wie jedes Jahr am 24. Dezember will er dort Geschenke verteilen. Aber diesmal ist er besonders spät dran.
»Hoffentlich schaffe ich es noch bis zur Bescherung!«, denkt er besorgt.

Endlich hat er
das erste Haus erreicht.
Auf Zehenspitzen schleicht er
näher. Die Leute darin schmücken
ihren Baum und achten nicht
auf den Weihnachtsmann.

Gerade will er seinen Sack aufmachen, da dröhnt eine Stimme:
»Halt, sofort stehen bleiben!«

Der Weihnachtsmann wird vor Schreck ganz starr.
Nur seine Knie schlottern. Wachtmeister Wächter und Winsel,
sein Hund, treten aus der Dunkelheit.
»Stehen bleiben! Und die Hände hoch!«
Aber der Weihnachtsmann kann die Hände nicht heben.
Dafür ist der Sack mit den Geschenken viel zu schwer.

Der Wachtmeister packt ihn am Kragen. »Hab ich dich, Freundchen!«, sagt er.

»Aber …«, will der Weihnachtsmann erklären. »Aber ich bin doch der Weihnachtsmann.«

»Haha!«, lacht der Polizist. »Das kann jeder sagen. Den Ausweis, bitte!«

»Ausweis? Ich … ich habe keinen Ausweis!«, stottert der Weihnachtsmann.

»Na also!« Wachtmeister Wächter nickt zufrieden. »Das habe ich mir doch gleich gedacht.« Er zieht den Weihnachtsmann am Bart.
»Au!«, beschwert der sich.
Doch Wachtmeister Wächter hat kein Mitleid.

»Du schleichst hier herum«, sagt er streng, »verkleidet und mit falschem Bart. Aber ich weiß trotzdem, wer du bist. Du bist der Dieb, den wir schon so lange suchen.«

»Nein, ich ...«, versucht es der Weihnachtsmann noch einmal. Aber der Polizist lässt ihn nicht weiterreden. »Lügen hat keinen Zweck«, sagt er. »Wir kennen uns mit Dieben und Einbrechern aus. Stimmt's, Winsel?«

Eifrig wedelt Winsel mit dem Schwanz.

Wachtmeister Wächter will dem Weihnachtsmann den Sack wegnehmen.

Aber der hält ihn verzweifelt fest. »Den Sack brauche ich noch!«, ruft er. »Und reinschauen darf auch niemand. Sonst ist doch die ganze Weihnachtsüberraschung weg.«

»Von wegen Überraschung«, sagt der Polizist.

»Ich weiß auch so, was in dem Sack ist. Lauter Diebesgut. Ab mit dir auf die Wache!«

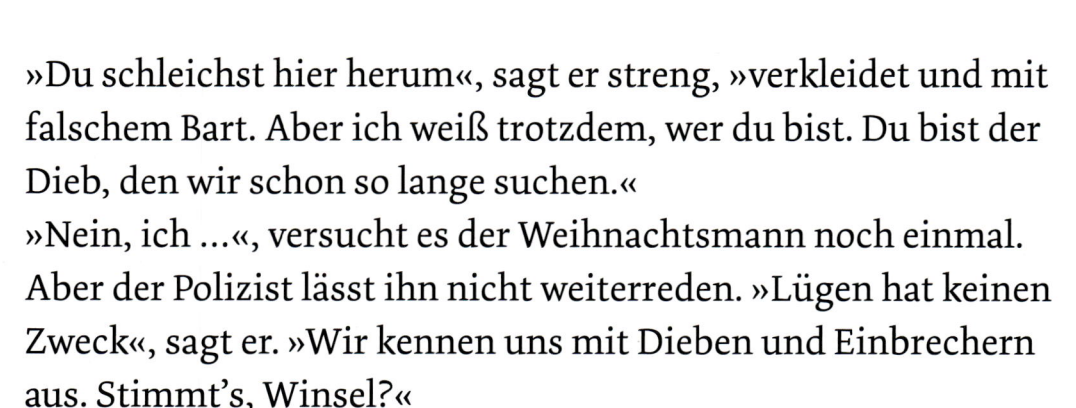

Da hilft kein Protestieren.
Der Weihnachtsmann muss
mit zur Wache.
Dort nimmt Wachtmeister
Wächter seine Fingerabdrücke
und macht Fotos für die Ver-
brecherkartei.
Der Weihnachtsmann wehrt
sich nicht mehr. Traurig sitzt
er auf einer Bank und lässt
den Kopf hängen.

Plötzlich stürmt jemand in die Wachstube. Es ist ein Junge.
»Ich will eine Anzeige aufgeben!«, keucht er.
»Eine Vermisstenanzeige.«
»Moment, Moment!« Der Polizist setzt sich die Brille
auf die Nase. Er spannt einen Bogen in die Schreibmaschine
und fragt: »Also, wie heißt du? Und wen suchst du?«

»Ich heiße Max!«, erklärt der Junge. »Und vermisst wird der
Weihnachtsmann. Der müsste schon längst da gewesen sein.
Schließlich wird es langsam Zeit für die Bescherung. Aber ich habe
mich den ganzen Nachmittag am Fenster auf die Lauer gelegt.
Nichts! Keine Spur vom Weihnachtsmann.«
Wachtmeister Wächter schreibt alles auf. »Weihnachtsmann
vermisst, aha. Wie sieht er denn aus, der Weihnachtsmann?«

Max überlegt. »Tja, wenn ich das so genau wüsste! Gesehen habe ich ihn ja noch nie. Aber die Leute sagen, er trägt einen roten Mantel. Er hat einen langen weißen Bart und schleppt immer einen dicken Sack voller Geschenke auf seinem Rücken.«

Winsel fängt an zu jaulen.

»Still, Winsel!«, sagt Wachtmeister Wächter.

Aber Winsel jault noch lauter. Mit seiner Nase stupst er den Weihnachtsmann an.

»Der da«, ruft Max aufgeregt, »der muss es sein!«
Wachtmeister Wächter rutscht vor Schreck die Brille von der Nase.
»Das ist der Weihnachtsmann?«, fragt er. »Aber ich … ich wusste nicht
… Wir wussten nicht … Stimmt's, Winsel?«
Verlegen legt Winsel die Pfote über die Augen.

Da sagt der Weihnachtsmann: »Mach dir keine Sorgen,
Max. Mit seinem tüchtigen Suchhund hat der Wachtmeister mich
schon gefunden.« Er zwinkert dem Polizisten zu.
Der wird ganz rot. »Ja, ja, so war's wohl«, murmelt er.
»Dann ist Weihnachten ja gerettet«, ruft Max. »Du musst nur noch
die Geschenke verteilen, Weihnachtsmann.«
Traurig schüttelt der Weihnachtsmann den Kopf.
»Zu spät«, sagt er. »So viele Geschenke, das schaffe ich heute Abend
nicht mehr! Wir müssen die Bescherung verschieben.«
»Oh nein«, jammert Max.
Der Wachtmeister räuspert sich. »Das ist ein Notfall. Und mit Notfällen
kenne ich mich wirklich aus.«
Er lädt Winsel, den Weihnachtsmann, den dicken Sack und Max in den
Streifenwagen. »Anschnallen!«, ruft er.
Mit Blaulicht geht es durch die Stadt.

An jeder Ecke hält der Streifenwagen an. Der Weihnachtsmann und seine Helfer stürmen hinaus und verteilen die Päckchen. Bald ist der Sack leer. Fast leer.
»Und nun fahre ich euch beide nach Hause«, schlägt Wachtmeister Wächter vor.
Doch der Weihnachtsmann sagt: »Vielen Dank, aber Max und ich, wir haben noch etwas zu erledigen.«

Der Polizist flüstert: »Sei mir nicht
böse, lieber Weihnachtsmann!«
»Natürlich nicht«, versichert der Weihnachtsmann.
Erleichtert tippt Wachtmeister Wächter an seine Mütze.
Winsel wackelt mit dem Ohr, und die beiden brausen davon.

51

Max und der Weihnachtsmann gehen durch die Stadt.

»Wo wollen wir hin?«, fragt Max.

Der Weihnachtsmann zeigt ihm ein kleines Haus. »Dort wohnt der Wachtmeister«, sagt er. Er holt die letzten Päckchen aus dem Sack.

»Damit die beiden zu Weihnachten nicht nur an Diebe denken«, flüstert er.

Dann bringt er Max nach Hause.

»Tschüss, Weihnachtsmann«, sagt Max. Er winkt noch einmal, dann schlüpft er ins Haus.

Der Weihnachtsmann kramt in den Taschen seines Mantels. Da ist noch ein allerletztes Päckchen. Ein besonders schönes. Vorsichtig legt er es aufs Fensterbrett. »Frohe Weihnachten, Max!«

Auf Zehenspitzen schleicht der
Weihnachtsmann davon.

Anne Steinwart

# Tatz und Tiger

## feiern Weihnachten

*Mit Bildern von Tina Nagel*

An der Höhle am Waldrand
hängt ein Schild.
Darauf steht:

Hier wohnen
Tatz und Tiger
allerbeste Freunde

Die Sonne scheint, aber es ist sehr kalt. Tatz und Tiger stapeln
eine Menge Holz neben der Höhle auf. Das brauchen sie im
Winter für ihren Ofen.
»Ein warmer Ofen ist das Beste im Winter«, sagt Tatz.
»Und das Allerbeste im Winter ist Weihnachten«, sagt Tiger.
»Stimmt's?«
»Stimmt«, sagt Tatz und lacht. »Bald ist es so weit!«

Als es dunkel wird, sind Tatz und Tiger endlich mit ihrer Arbeit fertig.
Tiger zündet ein Feuer im Ofen an, und Tatz kocht dicke Nudeln mit
roter Soße.
Beim Essen fragt Tiger: »Mit wem feiern wir Weihnachten?«

»Mit den Eichhörnchen Ellen und Alice«, sagt Tatz. »Der Hase Poppel will mit Pia kommen, die Eule Schu ist dabei und der Igel Guck auch.«

»Und die Maus und der Fuchs?«, fragt Tiger.
»Die Maus sagt manchmal dumme Sachen«, brummt Tatz und gähnt. »Aber meinetwegen kann sie kommen. Die Sache mit dem Fuchs überlegen wir uns noch. Jetzt wollen wir schlafen, Tiger.«

»Heute suchen wir den Weihnachtsbaum aus!«, sagt Tiger am nächsten Tag.

»Immer schön langsam«, sagt Tatz. Er steht vor der Höhle, hält die Nase in die Luft und schnüffelt.

»Es riecht nach Schnee«, murmelt er.

Tiger stellt sich neben ihn. »Ich rieche nix«, sagt er. »Komm jetzt!«

»Ich zeig dir den allerschönsten Baum«, sagt Tatz.
Er führt Tiger um die Höhle herum, hinab auf die große Lichtung.
Dort steht genau in der Mitte ein Tannenbaum, nicht zu groß und
nicht zu klein und mit viel Platz drum herum.
»Ja, der ist toll«, sagt Tiger und lacht. »Wann schmücken wir ihn?«
Tatz antwortet nicht. »Tiger, schau!«, sagt er und zeigt in den
Himmel. »Schau doch mal!«

Ganz leise schweben die ersten Schneeflocken aus den
Wolken. Tatz und Tiger schauen eine Weile staunend zu.
Dann fängt Tiger an zu tanzen.
Dabei singt er:

»Schnee, Schnee, Schnee,
der tut uns gar nicht weh!
Wir kriegen weiße Tatzen
wie zwei Winterkatzen.
Hejo, hejo, he –
der Schnee tut keinem weh!«

Da ertönt plötzlich eine Stimme: »Der Schnee nicht, aber dein
Gejaule tut meinen Ohren weh. Aus dem Weg, Kleiner!«
Der Fuchs rast so nah an Tiger vorbei, dass er ihn beinahe
umgeworfen hätte.
»Alter Blödmann!«, zischt Tiger. »Immer hat der schlechte Laune!«

Es schneit und schneit. Tatz und Tiger versuchen lachend, die
Schneeflocken zu fangen.
Aber dann wird es sehr windig.
»Puuuh, wie ungemütlich«, sagt Tatz und schüttelt den Schnee aus
seinem Fell.
»Ich weiß, wo es gemütlich ist!«, ruft Tiger, und sie laufen zur Höhle
zurück.

Vor dem Eingang sitzt jemand und bibbert. Die Maus, die manchmal
dumme Sachen sagt, ist es!
»Was willst du hier?«, fragt Tiger.
»Es ist so kalt«, sagt die Maus. »Ich muss mich ein bisschen
aufwärmen, bevor ich weitergehe!«
Tiger guckt missmutig, aber Tatz sagt freundlich: »Komm rein!«

Als sie um den warmen Ofen herum sitzen, will Tatz wissen,
wie die Maus heißt.
»Mara«, sagt sie.
»Kannst du Plätzchen backen?«, fragt Tiger. »Nein, kann ich
nicht«, sagt Mara. »Aber ich kann fliegen!«
Tatz lacht. Tiger sagt ärgerlich: »Mäuse können
nicht fliegen. Du bist dumm!«

Da klettert Mara auf den Tisch, stellt sich auf zwei Pfoten,
reckt sich stolz und springt hoch. Ganz hoch! Und dann segelt
sie wirklich ein Stück durch die Luft und landet langsam
auf dem Boden. Tatz und Tiger machen große Augen.

Tiger möchte auch fliegen. Aber wenn er hochspringt, landet er schnell wieder auf seinen vier Pfoten. Er ist zu schwer. Doch Mara lacht kein bisschen über ihn. Sie ist richtig nett!
Beim Abschied sagt Tiger: »Weihnachten feiern wir auf der großen Lichtung. Kommst du auch?«
»Gerne«, sagt Mara und macht einen Luftsprung.

Am nächsten Morgen wacht Tiger früh auf. Tatz schläft noch und
schnarcht. Leise schleicht Tiger nach draußen. Der Schnee leuchtet
ganz hell. Tiger formt einen Schneeball und wirft ihn hoch in den
nächsten Baum. Dort zerplatzt der Ball und fällt in einer weißen Wolke
wieder herunter. Oh, fast hätte er Schu getroffen! Aber die Eule ist
nicht böse.

Zurück in der Höhle, kitzelt Tiger Tatz wach. Dabei singt er:
»Sonne, Mond und Sterne,
Plätzchen ess ich gerne ...«
Tatz brummt verschlafen. Aber er weiß genau, was Tiger will.
»Ist gut«, murmelt er. »Ist ja gut, heute backen wir!«

Tatz holt die große Rührschüssel und alle Zutaten aus der Vorratsecke.
Tiger mischt und rührt. Anschließend kneten sie zusammen den
Teig für die Honig-Nuss-Plätzchen und formen Sterne, Monde und
Herzen daraus. Ein leckerer Duft breitet sich in der Höhle aus, als das
Backblech im Ofen ist.
Eine Stunde später trinken Tatz und Tiger zusammen Schokoladentee
und probieren die fertigen Plätzchen.
»Hmmm!«, sagt Tiger. »Leckerschleckerschmatz!«
»Ja, gute Arbeit, Kollege!«, sagt Tatz und leckt sich die Pfoten.

Am Tag vor Weihnachten schmücken Tatz und Tiger den Tannenbaum mit Äpfeln und Kerzen. Zum Schluss hebt Tatz Tiger auf seine Schultern, damit er den großen Stern oben am Baum befestigen kann. Aber Tiger kommt nicht an die Spitze heran.
Zum Glück kommt gerade die Maus Mara vorbei. Und Mara springt und fliegt und hilft!

»Total toller Baum!«, sagt Tiger, als er und Mara wieder auf der Erde
gelandet sind.

»Pssst!«, macht Tatz und zeigt zu den Bäumen hinüber. »Der Fuchs
war gerade da!«

Mara guckt Tatz ängstlich an. »Kommt der morgen auch?«

»Ich weiß nicht, was er vorhat«, sagt Tatz.

»Ach!«, sagt Tiger. »Der Blödmann kommt nicht. Der will doch mit
keinem etwas zu tun haben!« Da ist Mara beruhigt.

Und dann ist es endlich so weit. Am nächsten Tag nach
Sonnenuntergang zündet Tatz die Kerzen am Weihnachtsbaum an.
Wunderschön leuchten sie, und der Schnee glitzert im Kerzenschein.
Staunend kommen die Gäste herbei: die Eichhörnchen Ellen und
Alice, Poppel und seine Freundin Pia, die Maus Mara, der Igel Guck
und die Eule Schu.

Jeder bringt etwas Leckeres mit. Nüsse und Bucheckern,
Sonnenblumenkerne, Äpfel und Möhren legen die Gäste zu den
Honig-Nuss-Plätzchen, die Tatz und Tiger gebacken haben.
»Fröhliche Weihnachten!«, ruft Tatz.
»Fröhliche Weihnachten!«, rufen alle zurück, so laut und freudig,
dass es weithin zu hören ist.
Und dann wird gemümmelt und gefuttert und genascht.

Alle sind quietschvergnügt und reden schmatzend durcheinander.

Bis Tiger plötzlich sagt: »Achtung, der Fuchs!«

Sofort wird es ringsherum ganz still.

»O nein!«, sagt Pia.

»Schönen guten Abend, frohe Weihnachten!«, wünscht der Fuchs und
kommt langsam näher.

Keiner beantwortet seinen Gruß. Alle warten ab.

»Willst du Ärger machen?«, fragt Schu nach einer Weile.

Der Fuchs schüttelt heftig den Kopf, und er sieht auch wirklich ganz friedlich aus. Und gut gelaunt!

»Weihnachten soll keiner allein sein«, sagt Tatz jetzt.

Da nicken alle und lassen den Fuchs in ihre Mitte.

Dann feiern sie weiter, erzählen und singen und tanzen. Und hoch über ihnen funkeln tausend Sterne.

Am späten Abend löscht Tatz die Kerzen am Baum, und die Tiere machen sich auf den Heimweg. Als Ellen im Schnee ausrutscht, nimmt der Fuchs das Eichhörnchen auf seinen Rücken. Alle Tiere schauen überrascht auf. Der Fuchs hat sich noch nie um jemanden gekümmert!

»Das muss etwas mit Weihnachten zu tun haben!«, flüstert Tiger Tatz ins Ohr.

»Ganz bestimmt«, sagt Tatz. »Weihnachten ist eben das Allerbeste im Winter!«

Susan Niessen

# Die Weihnachtsgeschichte

*Mit Bildern von*
*Astrid Henn*

Vor etwa zweitausend Jahren wollte der Kaiser Augustus einmal ganz genau wissen, wie viele Menschen in seinem Reich lebten. Und weil er ein Kaiser war und machen konnte, was er wollte, befahl er allen Männern, in ihre Heimatstadt zu gehen und sich dort zählen zu lassen.

So kam es, dass Josef aus Nazareth
nach Bethlehem reisen musste.

Früh am Morgen holte Josef den Esel aus dem Stall. Der Weg nach Bethlehem war weit, und das Reisen war anstrengend damals, denn es gab noch keine Züge und keine Autos, und ein Pferd konnte Josef sich nicht leisten.

Josefs Verlobte Maria war schwanger und konnte nicht mehr gut laufen, aber allein lassen wollte er sie auch nicht. Deshalb reisten sie gemeinsam: Maria ritt auf dem Esel, Josef ging zu Fuß und führte den Esel an einem Strick neben sich her.

Als Maria und Josef in Bethlehem ankamen,
war es schon dunkel. Die Straßen waren voller
Menschen, denn Maria und Josef waren nicht die
Einzigen, die sich zählen lassen mussten. Josef ging
von Tür zu Tür und fragte nach einer Unterkunft.
Aber alle Herbergen waren besetzt.
»Wo sollen wir schlafen?«, fragte Maria. Sie waren
müde und hungrig, die Nacht war kalt, und Josef
taten die Füße weh.

»Versuchen wir's mal da!«,
sagte Josef und zeigte auf eine
kleine Hütte am Stadtrand.
»In einem Stall?«, fragte Maria.

Im Stall stand ein Ochse und muhte
ihnen freundlich entgegen.
»Besser als nichts!«, sagte Josef. »Das
Stroh hält uns warm, wir haben ein
Dach über dem Kopf, und unser Esel hat
Gesellschaft.«
Josef richtete ein Nachtlager im Stroh her, so gut
es ging. Dann aßen sie die Reste des Brotes, das
Maria für die Reise eingepackt hatte. Draußen
pfiff der Wind, Ochs und Esel schnauften an
ihren Trögen, und Josef hatte durch ein Loch
im Dach gerade einen besonders hellen Stern am
Nachthimmel erblickt, da sagte Maria: »Ich glaube,
es ist so weit.«

So bekam
Maria in dieser Nacht in
einem kleinen Stall in Bethlehem ihr
Kind. Sie nannten es Jesus. Weil es kein Bett gab, wickelte
Josef den Jungen in ein Stück Tuch und legte ihn in die
Futterkrippe der Tiere.

In derselben Gegend standen Hirten auf den Weiden und hielten Nachtwache bei ihren Schafen. Die Tiere waren ruhig, und die Nacht war klar, doch plötzlich wurde es hell, und ein Engel erschien. Die Hirten bekamen Angst. »Fürchtet euch nicht!«, sagte der Engel. »Ich verkünde euch eine große Freude! In Bethlehem ist heute Jesus Christus geboren worden, der Sohn Gottes, der die Welt retten wird. Ihr werdet das Kind in Windeln gewickelt in einer Krippe finden.« Der Himmel war auf einmal voller Engel, sie versprachen den Menschen Frieden und lobten Gott, während die Schafe unruhig hin und her liefen und die Hirten sich verwundert die Augen rieben.

Dann verschwanden die Engel wieder, und die Hirten standen
noch lange im Finstern und wussten nicht, was sie denken sollten.
»Lasst uns nach Bethlehem gehen«, schlug einer von ihnen
schließlich vor, »und nachsehen, ob an der Geschichte etwas
dran ist.«

So trieben die Hirten ihre Herden nach Bethlehem.
Dort sahen sie einen Stern am Himmel, der war größer
und schöner als alle anderen Sterne. Er stand genau
über einem Stall am Rande der Stadt.
»Hier muss es sein«, sagten die Hirten und klopften
vorsichtig an die Tür.

»Das ist er!«, sagten an einem ganz anderen Ort drei weise Männer, die in den Himmel sahen. Gerade hatten sie einen Stern entdeckt, der größer und schöner als alle anderen Sterne war. Auf diesen Stern hatten sie lange gewartet: Er sollte die Geburt eines Königs verkünden, der die Welt retten würde.

Die drei weisen Männer packten Geschenke ein und sattelten ihre Kamele. Sie hatten eine lange Reise vor sich, denn sie wollten sich auf die Suche nach dem neuen König machen.

Der Stern zeigte ihnen den Weg.

Das neugeborene Kind in der Krippe war gerade eingeschlafen,
da klopfte es an der Stalltür. Josef erschrak. Wollte man sie vertreiben?
Aber es standen Hirten vor der Tür, sie waren sehr
durcheinander, redeten wirres Zeug von einem
Engel und wollten das Kind sehen.

»Woher wisst ihr von unserem Kind?«, fragte Maria.
Die Hirten erzählten, was der Engel ihnen gesagt hatte, und Maria und Josef wunderten sich sehr. Seltsame Dinge geschahen in dieser Nacht, die sie nicht verstanden. Aber wenigstens war es jetzt warm im Stall, die Hirten hatten Felle mitgebracht, und einer entfachte ein Feuer draußen vor der Tür.

Lange, sehr lange reisten die drei weisen Männer, durch die Wüste und über die Berge, durch Hitze und Kälte, immer dem Stern nach, der am Himmel vor ihnen herzog.

Die Kamele waren erschöpft, die Vorräte aufgebraucht, und die Männer wussten noch immer nicht, was sie am Ende ihrer Reise finden würden, da erreichten sie Bethlehem.

In Bethlehem fanden sie keinen Palast, sondern eine Hütte, keinen König in goldenen Kleidern, sondern ein schreiendes Kind in einer Futterkrippe. Aber über der Hütte stand der Stern, den sie in ihrem fernen Land hatten aufgehen sehen, größer und schöner als alle anderen Sterne. Da wussten die drei Weisen, dass sie am Ziel waren. Sie packten ihre Geschenke aus und verneigten sich vor dem neugeborenen König.

Am nächsten Tag machten sich die drei weisen Männer auf die Heimreise. Die Hirten waren längst wieder auf den Weiden, und auch Maria und Josef verließen den Stall, um nach Nazareth zurückzukehren. Dennoch war nichts mehr so, wie es einmal gewesen war. Sie alle wussten, dass eine neue Zeit begonnen hatte, und sie behielten es in ihren Herzen.

Margret Rettich

# Weihnachten
## steht vor der Tür

Mit Bildern von
Susanne Wechdorn

Oben wohnen seit einiger Zeit Hannes und Jonas mit ihren Eltern.
Unten wohnt Herr Grasmann ganz allein, und ihm gehört das Haus.
Er ist schon ziemlich alt. Seine Frau ist gestorben, und seine Kinder
sind fortgezogen. Menschen mag er nicht besonders gern. Er mag nur
seinen Hund, und der Hund mag ihn.
Herr Grasmann beschwert sich regelmäßig, wenn Hannes und Jonas
über ihm toben. Dann schimpft Mama mit ihnen, und sie sagen Herrn
Grasmann eine Weile nicht Guten Tag.

Aber auch Mama macht er Vorwürfe. Sie lässt immer die Gartenpforte offen, wenn sie vom Einkaufen kommt. Herr Grasmann beschwört sie, es nicht zu tun, jedoch sie vergisst es immer wieder.

Selbst Papa hatte mit Herrn Grasmann schon einmal Krach.
Er hatte sein Auto vor dem Haus geparkt, und Herr Grasmann
verlangte, Papa solle es ein Stück weiter weg abstellen, dies hier
sei sein Autoplatz und schließlich gehöre ihm das Haus.
Es ist nicht ganz einfach mit Herrn Grasmann. Aber viel
schlimmer ist sein Hund, der alle anknurrt. Um den machen sie
einen weiten Bogen.

»Trotzdem«, sagt Mama, »tut mir Herr Grasmann leid. Schließlich ist er den ganzen Tag allein. Wo mag er zu Weihnachten sein? Ob er zu seinen Kindern fährt?«

Papa antwortet: »Darüber würde ich mir keine Gedanken machen.«

»Ich überlege nur«, erwidert Mama, »ob wir ihn einladen sollten.«

»Nein«, ruft Hannes, »das sollten wir nicht!«

»Nein«, ruft Jonas, »er soll mit seinem Hund feiern.«

»Ihr seid garstig«, sagt Mama. Aber Papa meint, sie seien nicht verpflichtet, sich um Herrn Grasmann zu kümmern.

Am Weihnachtsvormittag putzen Hannes und Jonas mit Papa den Baum. Mama will nach dem Mittagessen, dass alle noch eine Stunde ruhen. Aber Hannes und Jonas kribbelt es, sie sind viel zu gespannt, was heute noch alles geschieht.

Mama macht schnell einen Tee, dann schickt sie die beiden vor die Tür; sie will mit Papa die Bescherung vorbereiten. Hannes und Jonas hören, wie es drinnen huscht, klappt, scharrt und raschelt.

Sie stehen im Treppenhaus am Fenster. Durch das Geäst der Bäume können sie in andere Häuser sehen. Fast überall brennen jetzt die Kerzen. Von hier aus erkennen sie nicht viel, aber von der Straße aus können sie besser in die Wohnungen sehen. Sie brauchen nur auf Zäune zu klettern oder sich an Fensterbrüstungen hochzuziehen.

Zu Hause macht Mama die Tür auf und ruft: »Hallo, es kann losgehen!«
Aber Hannes und Jonas sind nicht da. Sie sucht überall, doch sie
mag nicht so laut durch das Treppenhaus rufen, das könnte Herrn
Grasmann stören und Ärger geben. Sie läuft lieber nach unten und
sieht dort nach. Natürlich lässt sie wieder die Gartenpforte offen.
Fünf oder sechs Häuser weiter findet sie Hannes und Jonas. Sie stehen
auf einer Mülltonne und sehen in ein fremdes Fenster. Mama will
schimpfen, aber sie besinnt sich, dass Weihnachten ist. Sie zieht die
beiden herunter, und alle drei rennen nach Hause.

Unterwegs kommt ihnen Papa entgegen.
»Wo steckt ihr?«, fragt er.
»Wir kommen schon«, rufen sie atemlos. Sie springen
die Treppe hoch – und da ist die Tür zugeschlagen.
»Macht schnell auf!«, ruft Hannes.
»Wir können es nicht erwarten!«, ruft Jonas.
»Schließ auf«, sagt Mama zu Papa.
»Schließ du auf«, sagt Papa zu Mama.
Jetzt merken sie, dass niemand einen
Schlüssel mitgenommen hat.
Sie können nicht in die
Wohnung, sie sind
ausgesperrt.

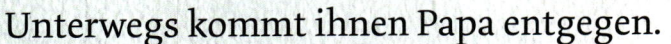

Papa rüttelt an der Klinke. Dann geht er einige Schritte zurück. »Macht Platz!«, ruft er.

Er will die Tür einrennen. Aber Mama hält ihn fest, sie will nicht, dass es vielleicht Herr Grasmann hört.

Nun sitzen sie auf den Stufen und wissen nicht, was sie tun sollen. Außerdem ist es kalt. Von Zeit zu Zeit steht einer auf und drückt den Knopf vom Treppenlicht, das immer wieder ausgeht.

Unten klappt eine Tür. Das ist Herr Grasmann, der seinen Hund ausführen will.

Der Hund wittert sie und beginnt zu knurren.

»Ist dort jemand?«, ruft Herr Grasmann nach oben.

»Ja, wir«, sagt Mama kläglich.

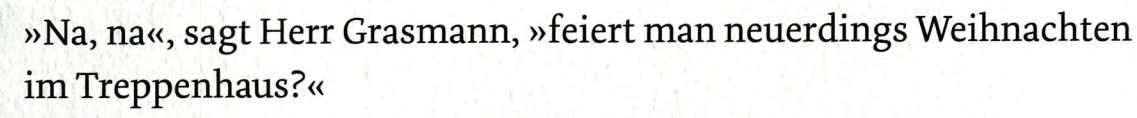

»Na, na«, sagt Herr Grasmann, »feiert man neuerdings Weihnachten
im Treppenhaus?«
Papa berichtet, was geschehen ist.
»So was«, sagt Herr Grasmann, »dagegen werden wir gleich etwas
unternehmen.«
Er geht nach unten in seine Wohnung.

Papa, Mama, Hannes und Jonas sitzen auf der Treppe, vor ihnen
hockt der große Hund und knurrt sie an.
Sie warten.

Zum Glück kommt Herr Grasmann bald
wieder. Er bringt einen großen Ring mit
vielen Schlüsseln.
»Einer von denen passt bestimmt«, sagt er.
»Das hat keinen Zweck«, sagt Papa, »unser
Schlüssel steckt nämlich innen!«
Herr Grasmann kratzt sich am Kopf.
»Das macht die Sache schwieriger«,
meint er, »jedoch keineswegs aussichtslos.«

Wieder geht er nach unten, sie hören, dass er diesmal in den Keller steigt. Sein Hund bleibt zurück.

Herr Grasmann kommt und bringt ein Stück festen Draht. »Passt genau auf, was ich jetzt mache«, sagt er zu Hannes und Jonas, »wer das kann, wird jederzeit ein tüchtiger Einbrecher!«

»Aber Herr Grasmann«, sagt Mama, und er lacht.

Sie haben noch nie gesehen, dass Herr Grasmann lachen kann. Er biegt den Draht zu einem Haken, steckt ihn in das Schlüsselloch, dreht und wendet ihn darin, stochert etwas, und nach kurzer Zeit poltert innen etwas auf den Boden.

Nun versucht er nacheinander alle Schlüssel, die an dem großen Ring hängen. Der dreiunddreißigste passt: Herr Grasmann schließt die Tür auf.

»Wie sollen wir Ihnen danken!«, sagt Papa.

»Machen Sie uns die Freude und feiern Sie mit uns Weihnachten«, sagt Mama.

Hannes und Jonas rufen: »Ja, bitte!«

Herr Grasmann antwortet: »Von mir aus gern, aber mein Hund mag nun mal nicht unter Menschen. Ich muss mich leider nach ihm richten.«

Und er geht mit seinem Hund auf die Straße.

Hannes sagt: »Der Hund ist gar nicht so, ich habe ihn die ganze Zeit gestreichelt.«

Hedwig Munck

# Der kleine König

## Die Weihnachtsüberraschung

*Mit Bildern der Autorin*

Am ersten Weihnachtsfeiertag kommt die kleine Prinzessin zu Besuch.
Der kleine König ist schon ganz aufgeregt. Er legt ein Päckchen für
seine Cousine unter den Weihnachtsbaum.
In diesem Augenblick klingelt es stürmisch an der Tür.
RIIINGGG!
»Endlich!«, ruft der kleine König und öffnet.
»Kuten Tak, kleiner Könik, fröhliche Weihnachten!«
Die kleine Prinzessin strahlt ihn an.
»Wünsche ich dir auch, kleine Prinzessin.«
»Prrr, ist tas pitterkalt ta traußen, lass mich rein ins kemütliche
Schloss!«, ruft die kleine Prinzessin und klappert mit den Zähnen.

Kurz darauf haben es sich die beiden Königskinder bei Kakao und
Plätzchen so richtig gemütlich gemacht.
Unter dem Baum liegen jetzt sogar zwei Pakete, die kleine Prinzessin
hat nämlich auch eins dazugelegt.
Sie darf zuerst auspacken, denn sie ist ja Gast.
»Oh, was ta wohl trin ist?«, flüstert sie beim Auswickeln aufgeregt.
»Uiii, sint tie schön!«
Die kleine Prinzessin hat Jonglierbälle bekommen. Zwei
rote mit weißen Punkten, zwei blaue mit Sternen und zwei gelb-grün
gestreifte. Sie sind weich und ganz leicht.

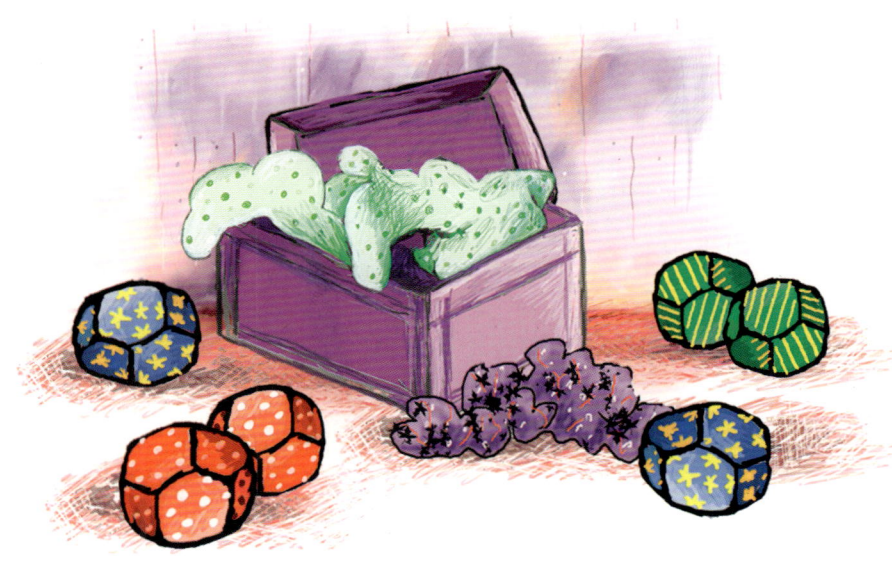

»Gefallen sie dir?«, fragt der kleine König atemlos.

»Ja«, ruft die kleine Prinzessin. »Tie sint kanz toll!«

Sie wirft die Bälle probeweise in die Luft. Und plopp, plopp, plopp, fallen sie wieder herunter, hüpfen davon – und verteilen sich im Zimmer.

Die kleine Prinzessin steht staunend und mit leeren Händen da.
»Ta muss ich wohl erst noch ein pisschen üpen, hihihi«, kichert sie
verlegen. »Tie such ich später, pack tu jetzt mal aus!«, fordert sie den
kleinen König auf.
Unter den gespannten Blicken der kleinen Prinzessin nimmt der
kleine König den Deckel ab und …
»Nanu, was ist das? Ein Hocker? Ein Fass?«, rätselt er.
Aber die kleine Prinzessin lacht. »Hihiii … nee, kanz falsch.«

»Das Ding ist ja so leicht«, stellt der kleine König fest, und er zieht es vorsichtig aus der engen Schachtel heraus.
»Uiii, eine Trommel! Ein richtiges Musikinstrument! Oh, ich freu mich ja so! Da muss ich gleich mal sehen, wie die funktioniert ...«

Währenddessen kriecht die kleine Prinzessin im Wohnzimmer herum und sucht ihre Jonglierbälle.
»Wo ist tenn nur ter plaue? Unter tem Schrank nicht – und ta ist er auch nicht …«
Der kleine König stellt fest, dass man die Trommel auch umhängen kann und dass sogar zwei kleine Holzstöckchen zum Schlagen in der Schachtel sind. TAMM TAMM TAMM.

Als die nächsten Gäste eintreffen, empfängt der kleine König jeden mit einem musikalischen Gruß.
»Hallo, Grete, wie geht's dir?«
TAMM TAMM TARAM TAMMTAMM.
»Frohe Weihnachten, Wuffi!«
TAMM TARAM TAMM.
Und ebenso werden auch Katze Tiger, Eichhörnchen Buschel und der Vogel Pieps begrüßt.

Die Freunde sind davon ein wenig überrumpelt, und
das schreckhafte Tigerchen hält sich sogar die Ohren zu.
»MihijjjAAUUU!«
Dann helfen alle der kleinen Prinzessin beim Bällchensuchen. Das ist
kein Problem, da ist Wuff schließlich Experte.

Nachdem die kleine Runde ein paar Weihnachtslieder gesungen hat,
die vom kleinen König mit Trommelmusik begleitet wurden, klatscht
die kleine Prinzessin in die Hände: »Also, ich pin ja schon so hunkrik,
und außertem riecht es auch so lecker …«
Der wunderbare Bratenduft lässt auch die anderen »Ah!« und »Oh!«
rufen, und kurz darauf sitzen alle am herrlich gedeckten Tisch.
»So, jetzt greift zu! Aber esst mir nicht alles weg«, ruft der kleine
König fröhlich, und dann ist es erst mal still.
»Wie wär's mit etwas weihnachtlicher Tischmusik?« Schon rennt der
kleine König davon, holt seine Trommel und nimmt sie auf den Schoß.
Ab jetzt wird jeder Bissen musikalisch begleitet …

»Pitte nicht trommeln ... Ich versteh tich tann so schlecht, kleiner Könik«, ruft die kleine Prinzessin.

Der kleine König seufzt und stellt die Trommel neben sich auf den Boden. Kaum hat er jedoch seinen letzten Löffel vom Vanilleeis mit Himbeeren verputzt, hängt er sich seine neue Trommel sofort wieder um. Er hat jetzt einiges nachzuholen und startet einen Trommelwirbel, lauter und länger als ein Sommergewitter.

TAMM TAMM TAMM TARAM TARRAMMM.

Alle halten sich entsetzt die Ohren zu, und fast hätte niemand die plötzlich eingetretene Stille bemerkt.
Der kleine König trommelt jetzt nämlich nicht mehr.
Er steht wie versteinert da und starrt entsetzt auf ein großes Loch in seinem Instrument.

Das Trommelfell besteht nur noch aus ein paar Fetzen.

»Kaputt«, flüstert der kleine König mit weit aufgerissenen Augen.

Die kleine Prinzessin tröstet ihn: »Na ja, schate um tie Trommel, aper tu hast ja noch so viele antere Spiele, die wir jetzt unpetinkt mal spielen müssen, stimmt's, Krete?«

Aber dieser Trost wirkt nicht.

Und es ist jetzt auch nicht etwa wieder ruhig und gemütlich im Schloss, nein, ein tieftrauriger kleiner König brüllt und kreischt und heult wie ein Schlosshund und will sich überhaupt nicht mehr beruhigen lassen.

Von Gretes Kuss nicht, von Buschels Kunststücken erst recht nicht – und von Wuffs zarten Kitzelversuchen schon überhaupt gleich gar nicht.

Doch irgendwann wird das königliche Schluchzen leiser, und der
nächste Trostversuch kann gestartet werden.
Die kleine Prinzessin holt ihre Bälle.
»Schau mal, kleiner Könik, ich hap ja auch Propleme mit meinem
Keschenk. Ich kann nämlich kar nicht jonklieren, und alles keht
schief …«

Der kleine König guckt ihr kurz zu, antwortet aber nur mit einem
großen »Uhüühaaa«-Heuler.
»Na, und weißt tu, kleiner Könik, man muss tie Trommel jetzt ja
nicht wekwerfen, man kann kanz pestimmt noch was anteres taraus
machen!«

»Machen?« Zum ersten Mal hebt der kleine König den Kopf und sieht sie an.

»Was denn machen?«, fragt er ein klein wenig hoffnungsvoll.

Die kleine Prinzessin strahlt über das ganze Gesicht. »Ich weiß was. Wir können tamit toch Pallwettwerfen spielen!«

Das ist wirklich eine gute Idee. Und nun versuchen alle, mit den Jonglierbällen in die offene Trommel zu werfen. Das kann der kleine König ziemlich gut, und Spaß macht es auch. Wuff spielt nicht mit, der ist lieber Balljunge und holt alle Bälle, die danebengehen, wieder aus den Ecken.

So wird es doch noch ein schöner Abend. Na, und weil die Trommel
und die Bälle jetzt zusammengehören, schenkt die kleine Prinzessin
ihre Bälle dem kleinen König.

»Tie kannst tu pehalten.«

»Danke, kleine Prinzessin, das ist wirklich lieb von dir.«

Schließlich ist Schlafenszeit. Der kleine König nimmt seine Trommel,

die jetzt ein Korbball-Spiel ist, sogar mit ins Bett. Ein bisschen traurig
ist er allerdings immer noch, dass man damit keine Musik mehr
machen kann.

»Ja, schade. Trommeln ist wirklich etwas sehr, sehr Schönes!«

Das findet jedenfalls der kleine König. Seine Freunde sahen
zwischendurch nicht immer so glücklich aus. Aber so ist das im
Leben – alles hat zwei Seiten!

»Wie bitte?«, ruft der kleine König erstaunt. »Alles hat zwei Seiten?«
Sofort sitzt der kleine König kerzengerade im Bett. Er dreht seine
Trommel um, und die Bälle kullern heraus.
»Meine Trommel hat auch zwei Seiten, und man kann immer noch
prima auf dem unteren Teil Musik machen. Das ist ja toll!«
Da übt der kleine König doch gleich noch ein neues Gutenachtlied.
TAMM TAMM TARAM TAMM TAMM.

Katharina Wieker

wartet auf Weihnachten

*Mit Bildern der Autorin*

Tim und seine Freundin Annika stehen vor
dem Adventskalender und zählen die Türchen,
die noch zu sind.
»Oh Mann, noch dreimal schlafen bis
Weihnachten«, seufzt Annika. »Das halte ich
einfach nicht mehr aus!«
»Ich auch nicht«, sagt Tim und macht das
vierundzwanzigste Türchen einen winzigen
Spalt weit auf.
Gerade da kommt Mama ins Zimmer.
»Tim!«, sagt sie. »Man verdirbt sich doch das
ganze Weihnachtsfest, wenn man alles schon
vorher wissen will.«
»Aber wir halten es nicht mehr aus!«,
ruft Tim.
Mama seufzt. »Kommt«, sagt sie, »ich lese euch
etwas aus der Engelswerkstatt vor.«

Im Buch basteln die Engel für Weihnachten und helfen den
Menschen.

»Das machen wir auch«, ruft Tim, als Mama das Buch mit den
schönen Bildern wieder zuklappt.

»Genau!«, sagt Annika. »Und wir ziehen Engelskleider und
Flügel an!«

Mama bringt ihnen zwei alte Hemden von Papa.

Aus Pappkarton schneiden Tim und Annika Flügel aus.
Tims Bruder Juri bindet sie ihnen mit Gummiband um.
»Du siehst aus wie ein Mädchen«, sagt er zu Tim und grinst.
Aber Tim lässt sich heute nicht ärgern. Engel sind nämlich immer
lieb. Damit man sieht, dass er ein Jungs-Engel ist, schneidet er
sich vorsichtshalber noch eine Säge aus der Pappe aus.

Am nächsten Tag ziehen Tim und Annika wieder ihre Engels-
gewänder an.

»Heute tun wir Gutes«, verkünden sie.

»Wunderbar!«, sagt Papa. »Dann helft ihr Mama und mir
bestimmt beim Weihnachtsputz.«

Tim zieht ein Gesicht. »Putzen? So was machen Engel nie!«

Annika und ihm fällt etwas Besseres ein.

»Lasst uns fro-ho u-hund munter sein …«, singen sie aus voller Kehle, damit Papa sie beim Putzen auch hört. Nach der dritten Strophe schaltet Papa den Staubsauger aus. Tim und Annika hören auf zu singen.

»Haben wir dir was Gutes getan?«, fragt Tim gespannt.

»Oh ja, vielen Dank«, sagt Papa. »Aber singt doch jetzt mal für die anderen. Die freuen sich sicher auch!«

Aber Mama telefoniert, Juri hat sich im Klo eingesperrt, und Annikas
Mutter ist einkaufen gegangen.

»Dann singen wir eben für alle im Treppenhaus«, sagt Annika, und
das machen sie auch. Dort hallt es sehr schön.

Nach einer Weile steckt Papa seinen Kopf aus der Wohnungstür.

»Ich gehe jetzt den Weihnachtsbaum aussuchen. Wollt ihr mit?«

»Natürlich!«, sagt Tim. »Wir helfen dir.«

Zusammen fahren sie zum Weihnachtsmarkt.

»Die Bäume sind ja alle schon abgesägt!«, ruft Tim erstaunt und zieht seine Säge aus dem Gürtel. »Das hätte ich doch machen können!«

Der Baumverkäufer lacht. »Na, dazu bräuchtest du aber eine echte Säge«, sagt er. »Und dann musst du fleißig üben.«

Zu Hause helfen Tim und Annika, den Baum die Treppe hinauf-
zutragen. Der ist ganz schön piksig!
Im ersten Stock stolpert Annika über ihr Engelskleid und fällt in die
Zweige.
»Aua!«, ruft sie und fängt an zu weinen.
Tim und Papa müssen sie trösten.

»Vielen Dank«, sagt Papa, als sie endlich oben sind. »Für heute habt ihr wohl genug Gutes getan.«

»Dürfen die Engelchen dann basteln?«, fragt Tim und schaut Papa ganz lieb an. »Mit deiner Säge?«

Papa muss lachen. »Da habe ich eine bessere Idee«, sagt er. »Mama hat gestern Lebkuchen gebacken. Wenn ihr wollt, könnt ihr mir helfen, ein Lebkuchenhäuschen daraus zu bauen.«

Tim und Annika laufen gleich in die Küche.
Papa zeigt ihnen, wie man die Einzelteile für das Häuschen
ausschneidet. Tim gibt sich große Mühe.
»Bei dir wird ja alles krumm und schief«, sagt Annika.
»Guck mal, meins sieht viel besser aus!«
Tim ärgert sich.

»Dafür säge ich jetzt die Mandeln durch«, murmelt er trotzig und nimmt das scharfe Messer.

Aber die Mandeln sind glatt. Noch bevor Papa helfen kann, rutscht das Messer ab, und Tim schneidet sich in den Zeigefinger.

»Aua! Ich blute!«, ruft Tim.

Jetzt muss Annika ihn trösten. Papa holt ein großes Pflaster.

So hat Tim sich die Engelswerkstatt nicht vorgestellt!

Aber dann dürfen Tim und Annika ganz alleine den Zuckerguss
anrühren. Gemeinsam mit Papa kleben sie das Häuschen zusammen
und verzieren es mit Schokolinsen und bunten Streuseln. Papa
zaubert mit Zuckerguss richtige Eiszapfen ans Dach, und in den
Schornstein kleben sie als Rauch ein bisschen Watte.
An Tims Pflaster klebt am Ende auch reichlich Watte. Damit kitzelt er
Annika an der Nase.

Am Abend schaut Tim lange aus dem Fenster. Schneeflocken wirbeln durch die Nacht.

»Hallo, ihr Engel«, sagt Tim leise. »Habt ihr gesehen, was Annika und ich heute gemacht haben? Wir waren fast wie richtige Engel, oder?«

Dann fällt ihm ein, dass er heute nicht immer lieb war. Engel sein ist gar nicht so leicht, denkt Tim beim Einschlafen.

Am nächsten Morgen liegen goldene Schokoladensterne auf
Tims und Juris Nachttischen.
»Wir haben die nicht hingelegt«, sagen Mama und Papa.
»Wer denn dann?«, fragt Juri erstaunt.
»Das waren die Engel!«, ruft Tim. »Weil ich ihnen
so viel helfe.«

Als Annika kommt, gehen alle drei Kinder in Tims Zimmer.
Sie schieben die Kommode vor die Tür – das macht ganz schön Krach.
»Was ist denn da drinnen los?«, ruft Mama und rüttelt an der Klinke.
Tim öffnet die Tür einen Spalt.
»Mama!«, sagt er streng. »Man verdirbt sich doch das ganze
Weihnachtsfest, wenn man alles schon vorher wissen will!«

Und dann ist endlich Weihnachten! Tim hilft Mama gerade,
den Kaffeetisch zu decken, da klingelt es an der Tür.
»Ich mache auf!«, sagt Tim.
Draußen stehen Oma und Opa.
»Hallo, Engelchen!«, sagen die beiden. »Wo ist denn Tim?«
»Ich bin es doch!«, ruft Tim und fällt ihnen um den Hals.
Kurze Zeit später kommen auch Annika und ihre Mama.

»Bitte herein!«, ruft Tim aus seinem Zimmer.

»Hier sieht es ja aus wie in der Engelswerkstatt!«, sagt Mama.

Das Lied von der Weihnachtsbäckerei ertönt aus dem CD-Spieler.

Tim sägt dazu mit seiner Säge, und Annika backt mit viel Mehl, dass
es nur so staubt. Zum Schluss lässt Juri Superteddy an einer Schnur
durchs Zimmer fliegen.

»Bravo!«, rufen die Erwachsenen und klatschen.

Dann gibt es Kaffee und Plätzchen. Als es dunkel wird, gehen
Annika und ihre Mama nach Hause.
Opa streckt sich. »Ich muss unbedingt noch mal an die frische
Luft«, sagt er. »Mal sehen, ob der Schnee schon pappt.«

»Wir wollen mit!«, rufen Tim und Juri.

Bevor sie losgehen, nimmt Tim seine Engelsflügel ab und zieht
das weiße Hemd aus.

»Die Bescherung machen ja die echten Engel«, sagt er zu Juri.

»Da brauche ich nicht zu helfen.«

Als sie zurückkommen, fällt aus dem Wohnzimmer Kerzenschein
auf den Flur. Ein feines Glöckchen läutet.
»Bitte herein«, sagt Mama und lächelt.
Tim hat eine Gänsehaut, so weihnachtlich ist ihm zumute.
Die Großen singen: »O du fröhliche, o du selige, gnadenbringende
Weihnachtszeit ...«

Tim betrachtet den Weihnachtsbaum. Die bunten Kugeln glänzen
im Kerzenschein, und auf der Spitze sitzt ein Engel mit goldenen
Flügeln. Der Engel zwinkert Tim zu. Tim blinzelt, dann lacht er und
winkt zurück.
»Fröhliche Weihnachten!«, sagt Mama und nimmt Tim in den Arm.

»Fröhliche Weihnachten, Tim!«, sagt auch Papa.

Er reicht Tim ein großes Paket.

»Das ist für dich, du fleißiger Engel.«

Als das Papier ab ist, kommt ein Werkzeugkasten zum Vorschein.

»Da ist ja sogar eine richtige Säge drin!«, ruft Tim begeistert. »Jetzt kann ich Baumfällen üben.«

Papa lacht. »Aber bitte nicht am Weihnachtsbaum!«, sagt er.

Eleni Livanios

# Kasperl
in der
## Weihnachtsbäckerei

*Mit Bildern der Autorin*

Kasperl und Seppel backen Plätzchen in Großmutters Küche.
Es duftet schon ganz weihnachtlich. Vor dem Fenster wirbeln
Schneeflocken durch die Luft.
»Das Dorf sieht aus, als wäre es mit Puderzucker bestreut«,
sagt Kasperl.
»Wie diese Plätzchen hier.« Seppel schüttelt kräftig den
Zuckerstreuer.

Da kommt Großmutter in die Küche. Sie hatte sich ein wenig aufs Ohr gelegt. Alte Damen brauchen ihren Schönheitsschlaf, sagt sie immer. Doch jetzt ist sie aufgewacht.

»Wer soll denn die alle essen?«, ruft sie, als sie die Berge von Plätzchen sieht, die Kasperl und Seppel schon gebacken haben.

»Wir!«, sagt Seppel und streicht sich über den Bauch.

»Nein, nein«, sagt Großmutter. »So viele Plätzchen können wir nicht alleine verdrücken. Am besten, wir machen eine kleine Adventsfeier und laden ein paar Gäste ein.«

»Wir laden die Gretel ein«, ruft Seppel begeistert. Aus dem Lebkuchenteig sticht er die Gänsemagd aus. Die sieht Gretel ein wenig ähnlich.

Großmutter hält die Ausstechfigur mit dem Polizisten hoch.

»Der Wachtmeister soll auch kommen«, sagt sie.

»Und Ulrich mit dem Krokodil und die kleine Hexe«, sagt Seppel. Kasperl sagt nichts. Er verrät nicht, wen er einladen möchte. Aber er drückt die Prinzessinnenfigur in den Teig. Aus Zuckerperlen legt er ihr eine Halskette. Das ist die schönste Lebkuchenprinzessin, die es jemals gegeben hat, findet er.

Kasperl schiebt das Blech mit den Lebkuchenfiguren in den Ofen.
Großmutter holt buntes Papier und Briefumschläge.
»Darauf könnt ihr die Einladungen schreiben«, sagt sie.
Kasperl nimmt sich ein besonders feines Papier.
Sieht der Seppel auch nicht herüber?
Liebe Prinzesin, schreibt Kasperl. Verflixt, jetzt hat er sich
verschrieben! Er nimmt ein neues Blatt und beginnt von vorne.

Endlich ist die Einladung fertig. Kasperl steckt den Briefbogen in einen Umschlag und klebt ihn zu.

Gerade holt Großmutter das letzte Blech aus dem Ofen. Kasperl nimmt die Lebkuchenprinzessin und bindet sie mit einer Schnur an die Einladung.

Als alle Einladungen fertig sind, setzen sich Kasperl und Seppel auf ihren Schlitten und rodeln hinunter ins Dorf.

Schon von Weitem sehen sie den Wachtmeister, der die Dorfstraße entlangläuft.

»Haltet den Dieb!«, brüllt er.

Nun sehen Kasperl und Seppel auch den Dieb, den er verfolgt. Aber der Wachtmeister ist viel zu langsam.

»Wir müssen ihm helfen!«, ruft Kasperl.
»Halt dich fest!«, ruft Seppel. Er dreht mit dem Schlitten eine scharfe
Kurve und fährt dem Dieb genau vor die Füße. Der Dieb kann nicht
mehr bremsen und fliegt in hohem Bogen über den Schlitten.
»Gut gemacht«, schnauft der Wachtmeister. Flink legt er dem Mann
die Handschellen an.

»Tja, wir sind immer zur Stelle, wenn wir gebraucht werden«,
sagt Kasperl und überreicht dem Wachtmeister die Einladung zu
Großmutters Adventsfeier.
»Mmh«, macht der Wachtmeister. »Tee und Plätzchen. Da läuft mir
ja das Wasser im Mund zusammen.«
»Mir auch!«, ruft der Dieb.
»Sie können aber leider nicht kommen«, sagt der Wachtmeister.
»Sie müssen nämlich ins Gefängnis!«

Kasperl und Seppel ziehen ihren
Schlitten weiter. Gegenüber der
Dorfkirche wohnt Ulrich. Er ist aber
nicht zu Hause. Nur sein Krokodil
ist da. Kasperl und Seppel sehen eine
Weile zu, wie es auf dem zugefrorenen
Fluss Schlittschuh läuft.
»Ulrich hat wirklich ein seltsames
Haustier«, sagt Seppel und wirft die
Einladung in den Briefkasten.

Zwischen den Tannen steht das Häuschen der kleinen Hexe. Kasperl und Seppel klopfen.

»Willkommen!«, ruft die kleine Hexe. »Ich habe gerade eine Kräutersuppe gekocht. Wollt ihr probieren?«

»Tut uns leid, liebe Hexe«, sagt Seppel. »Aber wir haben noch viel zu erledigen. Wir verteilen Einladungen zu Großmutters Adventsfeier. Hier, du bekommst auch eine.«

Die kleine Hexe bedankt sich und schnuppert an der Lebkuchenhexe.

»Die hebe ich mir als Nachtisch auf!«, sagt sie.

»Nun müssen wir nur noch zur Gretel«, sagt Seppel wenig später.
»Ach«, sagt Kasperl. »Die kannst du doch alleine besuchen. Ich hab
noch etwas vor!«
Seppel wundert sich. Warum hat Kasperl es denn plötzlich so eilig?
Aber Kasperl ist schon losgestapft. Seppel schüttelt den Kopf.

Zum Schloss geht es steil bergauf. Kasperl ist schon ganz außer Atem.
Die Kinder im Dorf sagen, dass die kleine Prinzessin mit niemandem
spielen will, der nicht auch eine Krone auf dem Kopf trägt.
Aber Kasperl glaubt das nicht. Er glaubt, dass die Prinzessin sehr
nett ist, und deshalb will er sie einladen.
Auf dem Schlosshof ist niemand zu sehen. Nur ein paar Enten kommen
neugierig vom Schlossteich angewatschelt. Kasperl traut sich nicht,
an dem großen Tor zu läuten. Vielleicht macht dann die Prinzessin
auf. Kasperl würde vor lauter Aufregung sicher ins Stottern
geraten, und dann würde die Prinzessin ihn vielleicht auslachen.
Deshalb legt Kasperl die Einladung mit der Lebkuchenprinzessin schnell auf die Fußmatte.
Dann läuft er den Berg hinunter, dass der Schnee nur so staubt.
Die Enten blicken ihm verdutzt hinterher.

Am nächsten Tag macht Seppel Feuer in Großmutters Kachelofen, damit die Gäste es schön warm haben.

Da läutet es auch schon an der Tür. Es ist der Wachtmeister.

»Hallo, Großmutter, bin ich zu spät?«, fragt er.

»Nein, Sie sind sogar der Erste«, sagt Großmutter und führt ihn in die Küche.

Als Nächstes kommt Gretel, dann Ulrich mit seinem Krokodil. Gleich darauf läutet es wieder, und die kleine Hexe tritt ein.

Alle sitzen um den Küchentisch, trinken Großmutters
Weihnachtstee und essen die leckeren Plätzchen. Nur Kasperl
schmeckt es nicht. Warum kommt die Prinzessin nicht? Ist ihr der
Weg zu Großmutters Häuschen zu weit? Mag sie keine Plätzchen?
Oder mag sie etwa den Kasperl nicht?

»Wer hat Lust auf eine Schneeballschlacht?«, fragt der Wachtmeister etwas später.

»Ich!«, rufen alle.

Großmutter hat als Erste ihre warme Jacke angezogen. Sie setzt sich die Mütze auf und reibt sich die Hände. Großmutter liebt nämlich Schneeballschlachten.

»Wir bilden zwei Mannschaften«, bestimmt der Wachtmeister. »Großmutter, Seppel und Gretel, ihr kommt zu mir. Wir bewerfen den Ulrich, die kleine Hexe und Kasperl!«

Schon fliegt der erste Schneeball. Der klatscht der kleinen Hexe
mitten auf die Stirn. Schnell formt sie auch einen Schneeball, aber
da fliegen schon zwei neue Schneebälle durch die Luft. Der eine
trifft Ulrich, der andere wieder die kleine Hexe.

»Das ist ungerecht!«, ruft die kleine Hexe. »In unserer Mannschaft ist einer zu wenig!«

»Ich hole noch jemanden«, sagt Kasperl da, springt auf den Schlitten und saust den Weg hinunter.

Wenn die Prinzessin nicht kommen will, denkt Kasperl, soll sie mir wenigstens sagen, warum nicht.

Im Schlossgarten baut
die Prinzessin gerade einen Schneemann.
»Hallo!«, ruft Kasperl außer Atem und winkt. »Mögen Prinzessinnen
keine Weihnachtsplätzchen?«
Überrascht blickt die Prinzessin auf. Dann lacht sie.
»Doch, am allerliebsten sogar«, sagt sie.
»Warum kommst du dann nicht zur Adventsfeier?«, fragt Kasperl.
Die Prinzessin hebt ratlos die Schultern. »Zu welcher Adventsfeier?«,
fragt sie.

Da entdeckt Kasperl die Papierfetzen auf dem Weg. Er sieht genauer hin.
»Diese verflixten Enten!«, ruft er. »Die haben den Lebkuchen und die
Einladung gefressen!«
Kasperl ist plötzlich ganz leicht ums Herz. Die Prinzessin hat die
Einladung gar nicht gefunden. Deshalb ist sie nicht gekommen!

Die kleine Prinzessin setzt sich hinter Kasperl auf den Schlitten.

»Ist denn überhaupt noch etwas übrig?«, fragt sie besorgt.

»Es gibt Berge von Plätzchen«, sagt Kasperl und lacht. »Und die wildeste Schneeballschlacht, die du je erlebt hast!«

»Ich liebe Schneeballschlachten und Weihnachtsplätzchen!«, jubelt die Prinzessin.

»Hallo, alle zusammen!«, ruft die Prinzessin fröhlich, als sie in
Großmutters Garten ankommen.
Dann bückt sie sich, formt einen großen Schneeball und holt weit
aus. Der Schneeball fliegt durch die Luft und landet auf dem dicken
Bauch des Wachtmeisters. Die kleine Hexe kichert. Und dann geht
die Schneeballschlacht richtig los.

# *Die Autoren und Illustratoren*

**Charles Dickens** wurde 1812 in Landport bei Portsmouth geboren. Er arbeitete zuerst als Anwaltsgehilfe und später als Reporter beim MORNING CHRONICLE. Dort schrieb er auch seine Skizzen, die in Buchform als PICKWICK PAPERS veröffentlicht wurden und ihn berühmt machten. Dickens begründete mit seinen Büchern den sozialen Roman. Er übte Kritik an den sozialen Missständen seiner Zeit und gab damit den Anstoß zu vielen sozialen Reformen. 1870 starb Dickens in Gadshill Place bei Rochester.

**Astrid Henn,** geboren in Aachen, war nach ihrem Studium der Visuellen Kommunikation als Artdirektorin für Hamburger Werbeagenturen, als selbstständige Designerin und Illustratorin tätig. Seit einigen Jahren arbeitet sie ausschließlich als Illustratorin und illustriert am liebsten Bücher für Kinder. Sie lebt mit ihrer Familie in Hamburg.

**Dagmar Henze,** 1970 in Stade geboren, studierte an der Fachhochschule Hamburg Illustration mit dem Schwerpunkt Kinder- und Jugendbuch. Seit 1996 arbeitet sie für verschiedene Verlage, hat zahlreiche Geschichten illustriert und auch eigene Bilderbücher herausgegeben.

**Eleni Livanios** (ehem. Zabini), 1975 geboren, hat bereits als Kind gerne gemalt und gezeichnet. Sie studierte Kunstgeschichte in Graz. Seit 2003 ist Eleni Livanios als freie Illustratorin für verschiedene Verlage tätig und leitet Illustrations-Workshops in Schulen. Sie hat zwei Kinder und lebt in Graz.

**Hedwig Munck,** geboren 1955, studierte Visuelle Kommunikation an der Hochschule der Künste in Berlin. Die Trickfilmserie »Der kleine König« wird seit über fünfzehn Jahren erfolgreich im Fernsehen gesendet. Alle wichtigen Infos über den Kleinen König erfahren Sie unter *www.derkleinekoenig.de.*

**Tina Nagel** wurde 1977 im Rheinland geboren und liebte es schon von klein auf, ihre Vorstellungen zu Papier zu bringen. So studierte sie nach dem Abitur Grafikdesign mit dem Schwerpunkt Buchgestaltung und Illustration in Trier.
Tina Nagel bereist heute hauptberuflich die verschiedensten Fantasie- und Vorstellungswelten. Geschichten in Bildern zu erzählen und neue Welten zu erschaffen, findet sie immer wieder spannend. Sie lebt in Berlin und Wien.

**Frauke Nahrgang** wurde 1951 in Stadtallendorf (Hessen) geboren, wo sie aufwuchs und heute noch lebt. Sie ist ausgebildete Grundschullehrerin und kam durch ihre beiden Kinder zum Schreiben. Als sie klein waren, hat sie ihnen immer gern vorgelesen und schließlich eigene Geschichten für sie erfunden.

**Susan Niessen,** geboren 1967 im Rheinland, studierte Anglistik, Germanistik und Psychologie an der Universität Bonn und arbeitete fünfzehn Jahre lang als Lektorin in verschiedenen Kinderbuchverlagen. Heute lebt sie als freie Autorin und Lektorin im Rheinland.

**Margret Rettich** (1926–2013), geboren in Stettin, ist eine bekannte Kinderbuchautorin und Grafikerin. Ihre Bücher wurden mehrfach ausgezeichnet, u. a. 1981 mit dem Deutschen Jugendliteraturpreis in der Sparte Bilderbuch. 1997 erhielt Margret Rettich – gemeinsam mit ihrem Mann, dem Kinderbuchgrafiker Rolf Rettich – den Großen Preis der Deutschen Akademie für Kinder- und Jugendliteratur für ihr Gesamtwerk.

**Marc-Alexander Schulze,** geboren 1977, studierte an der HAW Hamburg Illustration und Kommunikationsdesign. Bereits vor dem Studium sammelte er Erfahrungen bei der Verlagsgruppe Milchstraße und arbeitet seit 2004 als freier Illustrator.

**Petra Steckelmann** wurde 1970 geboren. Nach ihrem Schulabschluss arbeitete sie in verschiedenen Berufen. Heute lebt sie als freie Kinderbuchautorin in Hamburg und findet am Elbstrand nicht nur Kieselsteine, sondern auch Geschichten, die sie gerne mit nach Hause nimmt.

**Anne Steinwart,** geboren 1945 in Steinheim, machte eine Ausbildung zur Rechtsanwalts- und Notariatsgehilfin. Schreiben war viele Jahre nur ihr „liebstes Hobby" – bis 1987 ihr erstes Kinderbuch erschien. Seitdem hat sie eine Vielzahl von Erzählungen und Gedichten, auch für Erwachsene, veröffentlicht.

**Susanne Wechdorn,** geboren in Klosterneuburg bei Wien, hat nach einem Jurastudium an der Höheren Graphischen Bundes-, Lehr- und Versuchsanstalt in Wien studiert. Seit 1990 ist sie als freischaffende Illustratorin tätig. Susanne Wechdorn illustriert Schul- und Kinderbücher für viele deutsche und einige österreichische Verlage.

**Katharina Wieker,** geboren 1964, illustriert und schreibt seit vielen Jahren Kinderbücher. Sie lebt mit ihrer Familie und einem frechen Kater in Berlin.

# ❄ Quellenverzeichnis ❄

*Dickens, Charles:*
Eine Weihnachtsgeschichte
Nacherzählt von Petra Steckelmann,
Illustrationen von
Marc-Alexander Schulze
© ellermann im Dressler Verlag GmbH,
Hamburg 2012

*Livanios, Eleni:*
Kasperl in der Weihnachtsbäckerei
© ellermann im Dressler Verlag GmbH,
Hamburg 2009

*Munck, Hedwig:*
Der kleine König –
Die Weihnachtsüberraschung
©bei der Autorin

*Nahrgang, Frauke:*
Hilfe für den Weihnachtsmann
Illustrationen von Dagmar Henze
Überarbeitete Fassung
© ellermann im Dressler Verlag GmbH,
Hamburg 2009
Erstmals erschienen im Verlag
Heinrich Ellermann GmbH, Hamburg
2002

*Niessen, Susan:*
Die Weihnachtsgeschichte
Illustrationen von Astrid Henn
© ellermann im Dressler Verlag GmbH,
Hamburg 2011

*Rettich, Margret:*
Weihnachten steht vor der Tür
Illustrationen von Susanne Wechdorn
Überarbeitete Fassung
© ellermann im Dressler Verlag GmbH,
Hamburg 2009
© Text: Margret Rettich: Die
Schlüsselgeschichte. Aus: Wirklich
wahre Weihnachtsgeschichten ©
Ueberreuter Verlag GmbH, Berlin 1986,
2001

*Steinwart, Anne:*
Tatz und Tiger feiern Weihnachten
Illustrationen von Tina Nagel
© ellermann im Dressler Verlag GmbH,
Hamburg 2010

*Wieker, Katharina:*
Tim wartet auf Weihnachten
© ellermann im Dressler Verlag GmbH,
Hamburg 2009